Cómo Salir de Deudas Si No Tengo Dinero

David Emmied

Advertencia:

Este libro se ha creado con fines informativos únicamente.

Queda entendido que ni el autor ni la empresa que publica está ofreciendo servicios o asesoramiento financiero, legal, psicológico ni ningún otro servicio y/o asesoramiento profesional.

Si necesitas asistencia de un experto o asesoramiento, contrata los servicios de un profesional competente en el área.

¿Sientes que te están ahogando las deudas?

¿Estas sufriendo por culpa de tus deudas?

¿Se te hace cada vez más difícil pagarlas en su totalidad?

¿Te gustaría recuperar el control de tu vida, de tu salud mental y organizar tu situación económica para empezar a ahorrar de una vez por todas?

Lamentablemente, el endeudamiento puede ocurrir por muchas causas.

Generalmente, imprevistos tales como problemas de salud, divorcios, pérdida del empleo, reducción de tus ingresos, entre otros, suelen ser las causas; y esto puede convertir tus compromisos en algo inmanejable.

El proceso a veces comienza con un par de atrasos, pero cuando las cuotas se acumulan, las personas empiezan a desesperarse, hasta que todo se convierte en un infierno.

Puedes pasar años acumulando deudas sin ser capaz de liberarte de ellas.

Muchas personas prácticamente trabajan solo para tratar de pagarlas. La mayor parte de sus ingresos se la llevan los acreedores.

Llegan a vivir con miedo de lo que les pueda pasar a ellas y a su familia.

En esas condiciones…

¡Es imposible disfrutar de la vida!

Y, ¿cómo disfrutarla, si por las deudas muchas veces no pueden salir, viajar, comerse algo rico, darse un gusto, etc.?

Experimentan una imposibilidad de ahorrar, siempre salen gastos imprevistos y usan tarjetas o créditos rápidos para cubrir esos gastos imprevistos, mientras que las mensualidades crecen y luego nunca terminan de pagarse.

Si vives constantemente preocupado (a) acerca de cómo pagar tus cuentas, este libro es para ti.

Tener deudas pendientes y otras tantas responsabilidades se siente como cargar un gran peso encima, genera temores, ansiedad e insomnio por tantas preocupaciones.

Mucha gente se angustia y no encuentra la manera de salir de esa situación.

Si estás harto (a) de mantener este estilo de vida agobiante y no sabes cómo acabar con él…

¡Llegó el momento de declararle la guerra a tus deudas!

Seguramente ya estarás cansado (a) de:

- Recibir esas angustiantes llamadas telefónicas en las que te cobran o te intimidan.
- Tener que abrir y leer esas desagradables comunicaciones en el correo que en muchos casos te amenazan con acciones legales.

- No poder descansar ni dormir bien en las noches por tus problemas económicos.
- Sentir miedo a que te demanden
- Experimentar ansiedad por la situación, ya que viviendo así no es fácil controlar tus nervios.

Los acreedores en muchos casos te persiguen, constantemente llaman a tu casa, a tu teléfono móvil, a tu trabajo y en algunas ocasiones hasta te visitan personalmente.

Cualquiera pierde su paz mental. Puedes llegar a sentirte desesperado (a) y decepcionado de ti mismo (a). También sentir que ya no puedes más, que estás al borde de un colapso nervioso.

Lo peor es que en muchos casos las deudas continúan creciendo, lo que las hace ver como impagables.

¡Nadie quiere tener deudas!

Solo necesitas saber qué hacer y cómo hacerlo… para poder tener el control de tus finanzas nuevamente.

Recupera tu salud y tu tranquilidad.

Hay una nueva vida esperándote a que salgas adelante.

Liberarte de tus deudas te ayudará a:

- Reducir tu nivel de estrés
- Mejorar tus finanzas
- Construir un mejor futuro para ti y tus seres queridos

No es complicado. Existen soluciones sencillas de aplicar.

Tú puedes volver a cumplir con tus obligaciones y ponerte de pie financieramente de una vez por todas.

Ya es hora de quitarte ese enorme peso de encima.

Es hora de volver a dormir bien y recuperar tu paz mental.

Tabla de Contenidos

Muy Importante 8

Cómo salir de las deudas 9

¿A dónde va todo mi dinero? 16

¿Qué necesita un plan de ahorro efectivo? 20

Identifica si eres un comprador compulsivo 25

Dile al mundo que decidiste sacar las deudas de tu vida 31

Las áreas en la que puedes implementar tu plan de ahorro 42

Modifica tus prioridades e identifica los deseos engañosos 50

Vivir con menos para lograr una vida más auténtica 58

Para cerrar: 61

Lectura Recomendada: 62

Muy Importante

Parte importante del contenido de este libro está complementado por videos para ayudarte en lo posible a mejorar tu situación financiera actual.
Para verlos, solo ingresa tus datos aquí:

www.alcanzatussuenos.com/sin-deudas

Y tendrás acceso inmediato a este material.
Asimismo podrás recibir todas las actualizaciones adicionales a este libro en la comodidad de tu correo electrónico.

Cómo salir de las deudas

¿Has imaginado cómo sería tu vida sin deudas?

De seguro serías una persona más feliz, más espontánea, más libre, más risueña. Pero, lamentablemente, la realidad es que pocos adultos gozan de este estado ideal cuando hablamos de economía personal. A menos que seas millonario, las cuentas que se deben son un verdadero dolor de cabeza para la mayoría de los seres humanos que habitamos este planeta.

Como dice el refrán popular: "De las deudas, lo mejor no tenerlas".

Cuando crecemos nos volvemos adictos a una relación muy estrecha con las deudas, es un vínculo de amor y odio que pocos saben manejar y mucho menos evitar. Como toda relación tóxica, si no andas con cuidado puede destruirte.

En el caso de no saber cómo tratar adecuadamente el tema de las deudas, pueden pasar varias cosas negativas en tu contra: Tendrás más preocupaciones, tendrás a horribles acreedores respirándote en el cuello y, en el caso más extremo, puedes quedar en bancarrota, es decir, puedes perderlo todo.

Si esto sucede, que esperamos no sea nunca tu caso, no queda más opción que llorar ante tal desgracia sin más que hacer. ¡La buena noticia es que las desventuras con las deudas son totalmente prevenibles y aquí te enseñaremos cómo!

Lo usual para las personas que no están nadando en dinero es que siempre encuentren algo que consideren que necesitan y que posteriormente hará que se endeuden. Funciona como un círculo vicioso que empieza con un pensamiento de deseo, después le atribuimos al deseo características de necesidad, no siempre reales, para que nuestro cuerpo vaya a comprarlo sin tanto remordimiento.

Lo malo de esta atípica relación se presenta cuando nuestras deudas son mucho más elevadas que la cantidad de dinero que manejamos o poseemos.

¡Aquí vienen los problemas!

Si eres de esas personas que no pueden resistirse a lo que ven en las vitrinas de los centros comerciales, mercados, locales, etc., eres un adicto a las compras a través de internet o simplemente tienes una afición o un fetiche que necesitas satisfacer sin importar cuánto te cueste, déjanos decirte que tienes un problema real y muy serio con tus finanzas.

Sabemos que el marketing actual nos ha engañado bombardeándonos constantemente y empujándonos hacia un abismo consumista cada vez más insaciable. La mayoría hemos caído alguna vez en las garras de estos intrépidos y, muchas veces, deshonestos publicistas y vendedores; pero ya no más, es hora de ser más ágiles e inteligentes que ellos.

¿No te parece que ahora la gente que compra lo hace como si fuera un zombi?

Aunque te parezca alocada la comparación, tiene mucho de cierto porque la primera característica de estos personajes de la ciencia ficción es que son invadidos por un virus que aniquila completamente su conciencia. Bueno, los consumidores de ahora tienen algo en común después de que sus mentes han sido saturadas de avisos publicitarios, vallas, mensajes online, afiches y volantes con la promoción de algún producto.

Es tan fuerte la emisión de estos mensajes, que la gente comienza a creer que de verdad necesita lo antes posible aquello que con tanta astucia están tratando de vender.

La capacidad de pensar y decidir si realmente debes comprar algo hoy en día está cada vez más disminuida, lo cual acarrea la reducción de las cuentas bancarias de las personas que actúan como zombis a la hora de comprar. Muchos se definen como compradores compulsivos o acumuladores; estás etiquetas las usan a la ligera quienes saben que tienen un problema, pero en realidad no hacen nada para resolverlo.

Piensan que con saber cómo se llama su enfermedad, la cura llegará a ellos por arte de magia o son menos culpables de sus comportamientos autodestructivos. Este pensamiento no puede estar más alejado de la realidad.

La verdad es que si sabes que tienes problemas con el pago de tus deudas, debes poner todo tu compromiso para salir de ese atolladero. Es inútil dejarse llevar por la sensación de comprar lo deseado cuando no puedes costearlo, porque además de poner en riesgo tu situación económica, es un sentimiento que se va rápidamente cuando te das cuenta de que no te resultará tan fácil cancelar el precio de lo que adquiriste.

Hay quienes piensan que si se sobrecargan de trabajo podrán pagar todas sus cuantiosas deudas, que si usan préstamos y tarjetas de crédito a la hora de comprar sus ahorros no resultarán afectados. Peor aún, otros se abstienen de comprar lo que desean ahora y pelean consigo mismo los días posteriores hasta que por fin compran lo que quieren. Al final se están engañando y no están tomando el toro por los cuernos.

Lamentablemente, la salida de las deudas no tiene atajos y podría implicar un gran esfuerzo de tu parte, pero la recompensa al final del camino es totalmente gratificante. Las personas que administran su dinero de manera eficiente y no le deben a nadie viven indiscutiblemente con más libertad, más entusiasmo y más consciencia de lo que tienen y les hace feliz.

Son más sabias porque están convencidas de que ningún producto publicitado en la televisión, radio o internet tiene el poder de crear su felicidad. Entienden que las cosas materiales son solo herramientas para tener una calidad de vida mejor, aunque en sí muchas de ellas no son imprescindibles para tener la vida que sueñan.

Quizás no sea una tarea fácil, pero en este libro te orientaremos hacia el camino que te liberará de las pesadas cadenas que traen consigo las deudas. Aprenderás a priorizar, controlar tus impulsos, no dejarte engañar por falsas promesas de objetos o servicios inútiles.

Lo mejor de todo es que podrás ser una persona más sana, pues te harás todo un experto en el manejo de las técnicas que permitirán apartarte de las presiones, angustias y desvelos que pueden provocar las cuentas que esperan ser pagadas.

Qué son las deudas y cómo reconocer las malas de las buenas

Etimológicamente hablando, las deudas no son otra cosa que una obligación que se contrae entre dos partes. En este sentido, está quien entrega algo que se denomina acreedor, mientras que el que pide algo es el deudor. Es términos más claros, una deuda se contrae cuando adquirimos algo y tenemos que dar dinero como forma de retribución.
El problema se presenta cuando comenzamos a adquirir deudas de cosas que realmente no podemos pagar. Otro punto negativo de contraer deudas económicas es que no hay otra forma de cancelarlas más que con dinero. Pueden acordarse otras formas de pago, pero las económicas son las que nos interesan analizar ahora.

Generalmente, la gente que vive con el dinero ajustado cada mes ve las deudas como algo aterrador que debería evitarse. Hay muchos que las evitan y solo se endeudan hasta donde pueden pagar, pero hay otras personas que no son conscientes de lo mal que pueden terminar si no cancelan sus deudas adquiridas en el tiempo establecido.

Aunque te parezca raro, no todas las deudas son malas. Es verdad que la gente tiende a involucrarse más en las malas por una falta de cultura económica básica. Pero aquí aprenderemos a reconocer las deudas malas y las buenas. Aunque si estás en una situación económica muy crítica, no te recomendamos que te sumerjas en el mundo de las deudas buenas; primero arregla tu estabilidad económica y después incursiona en este mundo.

De igual manera, como un aporte para tus nociones básicas te explicaremos cuáles son las deudas malas y cuáles son las buenas:

- **Deudas malas:** Son todas aquellas obligaciones de pago que a la larga no te producen ningún beneficio real. En ellas están incluidas todas aquellas cosas que compramos por nuestros impulsos, pero que en realidad no necesitamos. Por ejemplo: José es un administrador al que se le dañó su teléfono celular. La verdad es que él solo usa el teléfono para ver los mensajes de WhatsApp y la vida de sus amigos a través de Facebook, así que con un teléfono inteligente medianamente económico estaría bien. Pero ha decidido que quiere un celular de alta gama porque está cansado de ver a sus amigos con celulares extraordinarios mientras él debe conformarse con un teléfono móvil regular.

José sabe que no puede pagar el costo del celular con su salario de una vez, así que decide pedir un préstamo bancario para hacer realidad el deseo de comprarse el celular de sus sueños.

Si analizamos este ejemplo nos damos cuenta que la persona solo está actuando por impulsos primitivos que le indican que necesita un aparato celular más costoso para que pueda conseguir el respeto y la admiración de sus amigos. En verdad no es una necesidad real, para las cosas que él usualmente hace.

Lo más grave es que ante la incapacidad de controlar ese impulso, adquirirá una gran deuda que le llevará mucho tiempo cancelar. Muy probablemente, cuando la cancele existirán teléfonos mucho mejores al que compró y se sentirá frustrado de nuevo.

- **Deudas buenas:** Son aquellos productos, bienes o servicios que adquieres y que en el futuro te darán algún beneficio. En esta categoría están la compra de una vivienda, la implementación de un negocio o el pago de alguna especialización académica. En estos casos, estas deudas son reconocidas más bien como inversiones que se realizan con el único fin de que en un lapso de tiempo establecido brinden sus frutos.

Por ejemplo, Luisa es auxiliar de enfermería y le apasiona lo que hace, pero lo que gana no alcanza para cubrir todas las aspiraciones que tiene. Sabe que convirtiéndose en licenciada o haciendo alguna especialización en su área tendría más oportunidades de ganar más dinero.

Entonces, decide pagar un curso especial por un año para aprender más sobre su profesión; es algo costoso y tendrá que reunir el salario de varios meses para pagar la inscripción, pero sabe que en el futuro obtendrá más recursos porque existe muy poca competencia en el área en la que quiere desempeñarse.

Esta decisión equivale a que la persona adquirirá una deuda fuerte que le será retribuida con jugosos intereses en el futuro. Lo mismo pasa con la idea de montar un negocio; la persona debe desembolsar una cantidad de dinero considerable como capital para comprar la materia prima para poner en marcha su negocio, pero, al final, las ganancias que recibirá superarán por mucho el aporte inicial que hizo.

¿A dónde va todo mi dinero?

El primer paso para tener control sobre tus deudas es saber exactamente dónde termina tu dinero. Para algunas personas, determinar las múltiples salidas que puede tener su dinero es un gran desafío, pero es un esfuerzo que deberás hacer si no quieres que las cuentas acaben contigo.

Para hacer un análisis exhaustivo de tus gastos, una buena idea sería que tuvieras a la mano todos los comprobantes de pago de al menos los últimos tres meses. Sabemos que pocas personas guardan todos estos pequeños papelitos e incluso algunos de ellos pueden perderse fácilmente.

Por ello, si es para ti imposible recopilar los comprobantes de pago de todas tus compras, otra buena idea es que imprimas el estado de las cuentas que usas para hacer pagos cotidianamente.
Cuando tengas a la mano tus estados de cuenta o los comprobantes de pago, suma todos los gastos que reflejen, no obvies ninguna compra por más mínima e insignificante que te parezca; si compraste un caramelo, anota cuánto te costó.

Quizás al final de este ejercicio puedas darte cuenta de que estás haciendo muchas pequeñas compras que a largo plazo se convierten en una gran fuga de dinero.
A menudo, muchas personas no se explican a dónde se va su dinero si nunca hacen una compra fuerte, es decir, que amerite una gran suma de dinero, pero de lo que no están conscientes es que a lo largo del mes realizan transacciones de cantidades pequeñas de dinero que se convierten en las responsables de que al final del mes nunca les quede nada.

Veamos este ejemplo:

Marta es una secretaria promedio que gana un salario normal; ella sabe que con su sueldo de un mes es poco probable que pueda comprarse algo medianamente costoso como una nevera o cocina. A pesar de que necesita estos electrodomésticos en su casa, no sigue un plan de ahorro para poder comprarlos y gasta lo que gana en pequeños deseos que pueden otorgarle un placer fugaz.

Todos los días, después del almuerzo, se da el lujo de comprar un mocaccino y acompañarlo con un delicioso profiterol que representa dentro de su mente inconsciente una recompensa por la media jornada laboral que realizó.

En el momento, Marta piensa que puede permitirse gozar de este pequeño placer porque el gasto diario no representa ni el uno por ciento de su salario; sin embargo, no se ha puesto a pensar cuánto costarían 30 mocaccinos y 30 profiteroles, que en realidad es el gasto que hace al mes en estos placeres.
Después de un tiempo de no saber a dónde se va su dinero, revisa sus estados de cuenta y ve que el 60 por ciento de sus compras las realiza en aquella pastelería a la que va todos los días a la hora del almuerzo y se da cuenta de que más de la mitad de lo que gana se lo ha estado comiendo de manera inconsciente e innecesaria.

Aquí es cuando el placer que te produce el gasto en deseos superfluos se convierte en un verdadero problema que te impide ahorrar.

Volviendo al ejercicio, después de que calcules el gasto que has hecho en este trimestre, divídelo entre tres para determinar el promedio de tus egresos. En este punto analiza si el promedio de tu egreso mensual es superior, igual o inferior que las entradas de dinero que poseas al mes.

Te advertimos que si notas que tu promedio de gastos mensuales es superior o igual que tus ingresos, es hora de ponerse los pantalones y comenzar a trabajar por optimizar mejor el uso de tu dinero.

Si ya sabes que el dinero no te está alcanzado, comienza a revisar todos los registros de los establecimientos donde has hecho compras repetidas veces. Trata de recordar qué has comprado en cada visita y analiza si ese producto o servicio realmente lo necesitabas o solo estabas complaciendo alguno de tus caprichos.

Es probable que te des cuenta de que algunas tiendas o locales los has estado visitando más de dos veces al mes aunque no lo recuerdes. Probablemente, la satisfacción que te produce hacer compras allí te haga pensar que los visitas esporádicamente, pero los datos arrojados en tu estado de cuenta o comprobante de pago no mienten.

Por ejemplo, las personas que aman comprar zapatos generalmente tienen una zapatería a la que van siempre porque piensan que allí hacen los mejores calzados del mundo o siempre hay ofertas que sería un pecado desaprovechar.

Cuando entran solo buscan zapatos que les llamen la atención, sin detenerse a pensar si realmente los necesitan o si compraron un par casi igual la semana anterior. La verdad es que no son conscientes de cuántas veces al mes han entrado en esa tienda ni cuánto dinero han dejado allí, solo piensan en complacer sus deseos, que en este caso es lucir un par de zapatos nuevos y disfrutar nuevamente de esa sensación.

Al revisar cada una de nuestras compras, nos hacemos conscientes de que estamos cayendo en la tentación más veces de lo que nuestro presupuesto mensual puede aguantar y nuestra mente endulzada con el placer puede recordar.

En este punto es mucho más fácil determinar cuáles son aquellas compras o aquellos establecimientos a los que tenemos que hacerles la cruz, es decir, evitar por todos los medios frecuentarlos de la misma manera en que lo veníamos haciendo antes.

Con un resaltador, destaca los establecimientos donde hiciste aquellas compras que no has debido hacer. Cada vez que pienses en ir allá a comprar algo nuevo, recuerda que esa acción representa un enemigo para tus finanzas y un multiplicador de tus deudas.

Si te produce mucha ansiedad prohibirte ir allá y frenar tus impulsos, solo piensa y repite para ti mismo lo siguiente:

"No necesito ir allá porque realmente no necesito comprar nada".
"Nada de lo que hay en esa tienda es beneficioso para mi plan de ahorro".
"Puedo arreglármelas con las cosas que tengo sin comprar nada más".

¿Qué necesita un plan de ahorro efectivo?

- **Que canceles todas tus deudas ahora**

Para continuar con buen pie el nuevo estilo de vida que intentas llevar, donde las deudas nunca más tendrán el poder de quitarte el sueño, es necesario que comiences con un historial limpio. ¿Qué quiere decir esto? Necesitas cancelar todas las deudas que hayas adquirido en el pasado para avanzar a tu nuevo estilo de vida económicamente estable.

No podemos concentrarnos en hacer sacrificios para ahorrar y tomar decisiones que optimicen nuestro dinero si estamos pensando constantemente en aquella deuda que no termina de desaparecer. Tu nueva vida necesita que estés libre de todo compromiso y te dediques exclusivamente a cultivarla.

Para ello, piensa en las maneras de pagar lo más rápido posible esas tediosas cuentas. Comienza haciendo una lista de deudas que nazcan de necesidades reales como pagos de vivienda, de servicios básicos, de comida y de medicinas.
Cuando tengas estas áreas controladas, concéntrate en las deudas que adquiriste por razones de lujo o deseos.

Estas pueden incluir la compra de un nuevo pantalón, un cuadro para tu sala, unos zapatos de fiesta, un paquete de los chocolates que tanto te gustan, etc. Como ves, todas estas compras no corresponden a necesidades reales, pero que decidiste realizar para satisfacer tu placer personal.

Entonces, **¿cuál es la mejor manera de cancelar todas tus deudas?** Muy simple, comienza por aquellas que te generen más intereses con el pasar del tiempo; en general, son las deudas más altas que contrajiste.

Es probable que te sientas tentado a pagar las más bajas de costo porque, por razones obvias, es mucho más fácil cancelar un par de calcetines que aquel bar que decidiste que se vería fabuloso en la sala de tu casa. Pero piensa en que al aniquilar a los gigantes, los enanos serán pan comido en esta batalla.

Esta manera de cancelar las deudas, aunque resulte para ti bastante sacrificada y difícil, tiene al final una razón fundamental. Si no cancelas estas deudas grandes, estas generarán más y más intereses hasta el punto en que no podrás ni cancelar las pequeñas; todo tu dinero se lo comerán si no tratas de deshacerte de ellas ahora.

Quizás en este momento debas pensar en cómo obtener un ingreso extra de manera temporal para cancelar estas deudas o debas privarte de algunos privilegios para que a fin de mes te quede algo de dinero para abonar a las deudas.

Nunca te conformes con hacer el pago mínimo de las deudas, esta es una técnica que se inventaron los bancos y prestamistas para extraerte dinero en el transcurso del tiempo sin que te des cuenta. Si no puedes pagar todas las deudas grandes ahora, busca la manera de cancelar el 30 por ciento cada mes hasta que por fin te las quites de encima.

Haz una lista de tus deudas grandes, concéntrate en las tres primeras y comienza a esforzarte por cancelarlas. Después continúa aniquilando las que siguen hasta que ya no tengas deudas en tu lista.

En paralelo al pago de tus deudas grandes, no te olvides de las pequeñas. Lo ideal sería que al mismo tiempo pudieras abonar una cuota alta para las grandes y otra inferior para las pequeñas. Por ejemplo, a tu deuda grande puedes abonarle el 30 por ciento, mientras que a la pequeña un 10 por ciento de lo que representa.

Sin embargo, quizás no tengas el músculo económico para cancelar varias deudas a la vez. Así que lo más aconsejable es que acabes con las altas e inmediatamente comiences a cancelar las pequeñas.

Si puedes cancelar las pequeñas de una vez, te ahorrarías un valioso tiempo porque ya estarías listo para asumir la vida de estabilidad económica que tanto buscas.

Un buen consejo para este período es que te dediques a cancelar tus deudas y que evites lo más posible adquirir otras que estén marcadas por tus impulsos. De nada sirve que canceles tus compromisos económicos cuando simultáneamente estás gastando lo que abonaste.

Este comportamiento representa un círculo vicioso en el que muchas personas se dejan envolver. Pasa mucho con los usuarios de tarjetas de crédito cuando las llevan al límite; en algún momento sienten la presión y abonan un porcentaje de la deuda, pero no son lo suficientemente disciplinados para no volver a gastar este abono ante una nueva tentación.

En definitiva, les cuesta mucho librarse de las deudas, y si no toman a tiempo el control de sus gastos, llega un momento en que se ven ahogados.

- **Que se mantenga por un período de tiempo largo**

Nada haces si solo estás dispuesto a sacrificar algunas salidas a los restaurantes con tus amigos, mientras sigues llevando la vida de derroche tal cual como la mantenías antes de darte cuenta de que necesitas ahorrar.

Esta decisión es muy sería y no funciona si tu compromiso está vacilante. Es importante que sepas que las metas de este tipo de vida pro ahorro no se cumplirán si solo lo intentas por uno, dos o tres meses.

Todos los expertos en economía afirman que necesitas al menos un año para que coseches verdaderos resultados. Lo que queremos decir con esto es que quizás no sea agradable, pero es completamente necesario que todas las técnicas de ahorro que conozcas las apliques durante un año seguido, sin interrupciones, sin excusas ni renuncias esporádicas.

Quizás será un año sin comprar zapatos, carteras, utensilios nuevos para la cocina o cortinas para tu casa, pero valdrá la pena. Además, un año pasa rápido, sabemos que a la hora de hacer sacrificios ese año te parecerá a primera vista como un verdadero siglo, pero al finalizar y al ver todo lo que pudiste ahorrar, la espera habrá valido la pena y te sentirás orgulloso de ti mismo.

Te garantizamos que todo lo que podrás ahorrar durante 12 meses se convertirá en un gran colchón económico que te permitirá tener un respaldo o un fondo de emergencias que te blindará contra los demonios de las deudas imprevistas.

Los expertos indican que un fondo económico sólido oscila entre 5.000 y 25.000 dólares por familia; averigua cuánto es esto en tu moneda local y comienza a trabajar para lograrlo.

Quizás en el primer año no puedas reunir los 5.000 dólares, pero al menos no estarás en cero como cuando empezaste. Si solo reuniste 1.000, no te desanimes, continúa sin mirar atrás.

Trata de destinar entre 100 y 500 dólares para el ahorro; esto dependerá en gran medida del trabajo que desempeñes, de la situación de inflación de tu país y las cargas familiares que tengas. Pero evita que te quedes con menos de este rango económico; si debes sacrificar más cosas para lograr ahorrarlo, este es el momento de llenarte de valentía.

Quizás en este momento debas plantearte conseguir un ingreso extra a través de un segundo trabajo. Mira las opciones que tienes, evalúa lo que sabes hacer y ponte a la orden para hacer cualquier pequeño trabajo rápido que no te quite demasiado tiempo y no afecte tu empleo principal.

Puedes considerar incursionar en el mundo de las ventas, de los mandados, del trabajo freelance o de cualquier otra actividad que sepas que puedes hacer bien. Lo importante es que te concentres en la meta de ahorro anual y pongas a trabajar todos tus recursos para guardar un poco más de dinero en tus bolsillos.

Identifica si eres un comprador compulsivo

A muchas personas les pasa que sienten una necesidad enorme de comprar y tener cada día algo más que creen que les será útil conservarlo o simplemente forma parte de sus aficiones. Quienes sufren del síndrome del acumulador compulsivo tienen un grave problema psiquiátrico que puede variar de intensidad, pero su denominador común es el deseo insaciable de obtener más y más objetos para guardar.

Este comportamiento alivia sus niveles de estrés, preocupación, baja autoestima o ansiedad por cortos períodos de tiempo. Los compradores compulsivos suelen identificarse por poseer un modo de actuar impulsivo y perfeccionista.

Los expertos indican que este trastorno no es fácil de identificar porque estamos en una sociedad sumida en el consumismo que te dice que mientras más tengas, sin importar si lo necesitas o no, serás mejor persona o serás percibido con más valor o poder. Por ello, muchas personas que dicen que simplemente irán de "shopping" muy a menudo, pueden ser unos potenciales compradores compulsivos.

Los psiquiatras explican que este hábito se convierte en un problema real cuando la adquisición de objetos comienza a afectar la vida social, laboral, académica y familiar del individuo en cuestión.

Analicemos este ejemplo:

Raquel es una mujer normal de clase media que le apasiona la moda. Ella gasta importantes sumas de dinero en renovar su guardarropa cada vez que sale algo y marque la tendencia a la hora de vestir. A Raquel no le importa dar todo su salario por un par de blusas a la moda, incluso si no puede pagarlo está dispuesta a usar todo el crédito de sus tarjetas por comprar esa nueva prenda que le obsesiona.

En el closet de Raquel existen ocho blusas con casi las mismas características que las nuevas que compró, pero no le importa porque esta la hará, según ella, sentirse a la par con las tendencias que están saliendo. Es consciente que su closet no puede albergar una prenda y más, y al cabo de unos meses, ha tenido que dejar la nueva ropa que compra amontonada arriba del comedor, sus muebles, televisor y baño.

Sus amigos la alaban porque siempre está vestida de la forma más "fashion" posible, pero algunos que han entrado a su casa se han impactado al ver las grandes pilas de ropa que tiene por doquier. Le han aconsejado que venda o regale algunas de las prendas que ya no usa, pero ella se resiste diciendo que las modas vuelven y en el futuro pudiera necesitarlas.

Raquel se queja porque dice que su salario no le alcanza para pagar los servicios básicos de su pequeño apartamento, y para poder mantenerse pide prestado dinero a sus padres, a los que no ve desde hace tiempo y quienes ignoran que Raquel es una verdadera acumuladora de ropa.

Lo más grave es que ella ha tenido que mentir para que le presten más dinero, a veces inventa que los servicios han aumentado o su jefe no le ha pagado todo el mes. Al final, consigue que sientan lástima por ella y le den dinero.

Muchos de sus amigos se han alejado de ella porque se ha convertido en una persona superficial que solo habla del próximo vestido o jean que comprará. Su jefe también ha notado que ha perdido algo de peso, pero ella esconde el hecho de que no puede comprar suficiente comida diciendo que está haciendo una dieta bastante estricta que le ha recomendado el doctor. Además, asegura que los mareos que sufre son normales.

Como puedes ver, Raquel tiene comportamientos que le están creando problemas con su familia, amigos, superiores en el trabajo y su misma salud. En su mente existe una distorsión de prioridades que le hace que prefiera comprar más ropa antes que cancelar sus deudas mensuales o hacer un mercado que incluya todos los nutrientes que ella necesita para vivir de forma saludable.

Como ella, existen millones de personas en el mundo que tienen intereses problemáticos que poco a poco las van dejando sin un centavo. Los expertos dicen que muchos compradores compulsivos saben que tienen un problema, pero solo deciden actuar cuando se ven en bancarrota o su vida peligra.
Si sientes que puedes ser un comprador compulsivo en potencia, te recomendamos seguir estos simples consejos:

- **Acepta que tienes un problema real:** El primer paso para resolver un problema es asumir que se tiene uno y tener consciencia de que es completamente necesario buscar una solución. Para los compradores compulsivos puede ser difícil identificar si tienen un problema real, pero lo sabrán en el momento en que otros aspectos de su vida se vean afectados por este comportamiento.

- **Define cuáles son los problemas que te trae este comportamiento:** Para convencerte mucho más de que debes resolver tu problema de compras excesivas, una buena idea es hacer una lista donde escribas los aspectos de tu vida que se han ido perturbando por tu comportamiento. Puede ser que tu relación con tu familia esté fracturada, tus amigos se hayan alejado de ti o ya no te quede dinero ni para comprar comida o medicinas, lo cual repercute negativamente en tu estado de salud. Lee esta lista todos los días y plantéate resolver el problema para que tu vida vuelva a la normalidad.

- **Considera hablar con los demás de cómo te sientes:** Si crees que tienes un problema con lo que compras, no lo mantengas en secreto. Puede que te sientas avergonzado por no tener control de la situación, pero hablarlo con personas de confianza alivia la carga, la presión y las ansiedades. Conversar con familiares y amigos te permite sentir que no estás solo, te permite saber que cuentas con personas que te apoyan en las decisiones que tomes. Este paso es muy importante porque además puedes recibir consejos muy valiosos que te ayuden a superar este trastorno.

- **Busca ayuda de un experto lo antes posible:** Considera buscar ayuda de un experto si notas que por ti mismo no puedes controlar los deseos de comprar desenfrenadamente. Siempre un psicólogo o psiquiatra pueden darte las mejores recomendaciones para salir adelante. Si estás ahogado económicamente, busca ayuda gratuita o de bajo costo en centros hospitalarios y organizaciones de la sociedad civil, donde puedes encontrar a un especialista muy bueno que trabaje contigo.

- **Organiza, limpia y desecha:** Uno de los pasos más importantes para las personas con este trastorno es que puedan desprenderse de las cosas que han comprado y acumulado. Trata de organizar aquellos objetos que te estén ocasionando un problema, evalúa si de verdad los necesitas; de lo contrario, regálalos o bótalos en la basura. Esta técnica de limpieza podría significar una liberación dolorosa, pero a medida en que la vayas implementando con más regularidad, el apego por las cosas irá disminuyendo.

- **Evita comprar cuando estés solo:** Es importante que vayas acompañado a la hora de hacer tus compras, pero no por cualquier persona, sino por alguien que sepa que no tienes el control absoluto de tus compras y te ayude a definir qué necesitas y qué no. Usualmente, los compradores compulsivos no tienen la capacidad de priorizar sus necesidades por encima de sus pulsiones o deseos. Por ello, en los primeros meses de recuperación evita salir de compras solo y evita pasar por las tiendas que antes eran el paraíso de las compras para ti.

- **Distráete con actividades que no impliquen comprar:** Comprar no es la única forma de lograr sentimientos de bienestar, existen millones de cosas que puedes hacer sin gastar una sola moneda. Cuando sientas que tienes deseos de comprar, distrae tu mente con pasatiempos económicos como leer un libro, ver televisión, hablar con amigos, hacer crucigramas, hacer algún tipo de actividad física al aire libre, etc. Sé creativo y haz que tu mente olvide que necesitas comprar alguna cosa para sentirte bien.

- **Crea lazos emocionales con más personas:** Es común ver que los compradores compulsivos otorgan humanidad y emociones a las cosas que compran; no es raro ver que les asignan nombres o solo al verlos se llenan de alegría, tranquilidad o cualquier otro sentimiento positivo. En vez de esto, trata de establecer lazos emocionales con personas reales, trata de conocer personas, identifica qué sientes cuando ves o conversas con algunas de ellas. Puede que te des cuenta de que la relación con las personas trae más sentimientos positivos a tu vida que lo que sentías por aquello que comprabas compulsivamente.

Dile al mundo que decidiste sacar las deudas de tu vida

A veces se nos hace complicado emprender un nuevo estilo de vida en secreto, muchas veces es imposible porque al final las personas no son tontas y se darán cuenta que algo es diferente en tu manera de ser.

Así que, antes de que comiencen las preguntas incómodas, las críticas y los malos entendidos que pueden fracturar valiosas relaciones, usa la honestidad como tu principal bandera diciéndole a todo el mundo que estás implementando un plan de ahorro en tu vida que te permitirá alejarte de las deudas.

Es normal que al principio te sientas un poco vulnerable al intentar contarle a tus amigos y familiares que ahora no podrás ir al cine todos los fines de semana, lucir una bonita camisa cada mes, ir al concierto de aquel artista que tanto amas o simplemente salir a beber todos los viernes con tus compañeros de trabajo, lo que significa que estarás fuera de este ritual por un período de tiempo considerable.

Habrá personas que no comprenderán lo que intentas hacer, quizás te considerarán aburrido y se alejarán de ti. Pero la buena noticia es que después de este paso, sabrás quiénes son las personas que realmente te aprecian más allá del dinero que tengas.

Es un asunto que te permitirá valorar la calidad de tus amigos antes que la cantidad; quizás resulte un duro golpe si eres una persona acostumbrada a la popularidad.

Pero, ¿de qué te sirve ese montón de personas en tu vida si en los momentos difíciles no están dispuestas a acompañarte?

Estas son algunas personas con las que es importante que compartas tu decisión de ahorrar:

- **A tu pareja:** En primer lugar, intenta explicarte a tus seres queridos más allegados la necesidad que te llevó a tomar esta decisión. Un buen primer paso es comenzar a explicárselo a las personas que viven contigo y saben a ciencia cierta y de primera mano todo lo que te afecta el derroche de dinero. Si estás en una relación estable comienza con tu pareja, indícale que todo este sacrificio que harás es para encontrar más estabilidad económica y que a la larga será un beneficio bastante valioso para ambos.

  Existe una alta probabilidad de que la relación se torne tensa si tu pareja no entiende o no tiene los mismos ideales que tú. Debes estar preparado para discusiones, berrinches y hasta separaciones. Pero si logran superar todo esto, que no te quede la menor duda de que la persona que está a tu lado es la correcta.

- **A tus hijos:** No olvides explicarles a tus hijos el nuevo plan de ahorro. Ellos quizás no entiendan tan fácilmente cómo es que ahora papá o mamá no podrán llevarlos al parque de diversiones todos los fines de semana, no llegarán todos los días a la casa con un regalo, un helado o el dulce que tanto les gusta.

  Acorde a su edad, ve explicándoles que deben apoyarte en este nuevo estilo de vida y que quizás resultará difícil al principio.

Una buena idea es que le vendas esta decisión como si fuese un juego o un desafío que debes ganar. Diles que mientras más dinero ahorres, el monstruo de las deudas se mantendrá alejado y no tendrá el poder de hacerle daño a la familia.

Invítalos a que participen contigo en este desafío convenciéndolos de que si son buenos chicos y se amoldan a las nuevas reglas, serán personas mucho más valiosas, inteligentes, valientes y responsables.

Trata de premiarlos cada vez que hagan algo en sintonía con tu plan de ahorro.

Por ejemplo, si el niño sabe que todos los fines de semana lo llevabas al cine y no forma un berrinche porque entiende que ahora no se puede, recompénsalo diciéndole que estás orgulloso de él y planea hacer algo juntos que no conlleve mucho gasto de dinero, como ver películas en la casa o hacer juntos su plato favorito.

- **A tus amigos y familiares:** Quizás tu círculo de amistades o familiares lejanos sea el grupo de personas más difícil de abordar, porque en él habrá a quienes les tengas toda la confianza, otros la tendrán a medias y, los que restan, serán solo amigos ocasionales o familiares de sangre que poco ves y a los que nunca le has contado algo íntimo.

El mejor consejo en este caso es que se lo cuentes a todos. Sí, a todos. No importa si tienen un grado de confianza alto o bajo, a todos debes decirles que estás comenzando un plan de ahorro que podría llevarte a comenzar a aplicar algunas restricciones en tu vida y, por ende, algunos cambios en la manera en que vienen compartiendo.

Claro, a los de tu entera confianza puedes contarles más detalles sobre cómo lo harás, cuáles son tus expectativas o qué crees que será más difícil de este cambio. De seguro, comprenderán tu situación y muchos de ellos se podrán a la orden por si necesitas alguna ayuda.

En el caso de tus amigos cercanos, agradéceles por escucharte y comprenderte; además, invítalos a pensar en estrategias en las que puedan seguir viéndose y compartiendo sin que esto represente un golpe muy fuerte para tu bolsillo.

Poner a la orden tu casa es un buen primer paso para comenzar a economizar; quizás ellos tomen tu ejemplo y cada vez que se vean sea en casa de algún amigo diferente. Proponles también hacer actividades al aire libre como ir a la playa, río o parque.

- **A tus colegas o compañeros de trabajo:** Este grupo de personas también puede ser complicado de tratar por lo heterogéneo que es. Empieza a contárselo a tus compañeros de trabajo con quien compartas algún lazo de amistad; por ejemplo, al grupito con quien siempre salías a hacer algo al terminar la jornada los viernes.

Seguramente, ellos serán los primeros que se sorprenderán cuando ya no asistas con tanta frecuencia a sus reuniones. Lo mejor es que antes de que piensen que les estás sacando el cuerpo o estás molesto por algo, les hables abiertamente sobre tu plan de cero deudas.

Muchas veces, los colegas son los que más entienden tu situación por la sencilla razón de que ellos perciben la misma cantidad de dinero que tú; este elemento puede reforzar la comprensión y la camaradería entre compañeros de trabajo. No te sorprendas si ellos comienzan a pedirte consejos porque ya no pueden seguir sosteniendo la vida que tienen y necesitan comenzar a alejarse de las deudas también.

- **A personas que estén en sintonía contigo:** Definitivamente, descubrir personas que están en concordancia con lo que piensas es maravilloso para hablar, no importa que las hayas conocido recientemente: si sus ideas van alineadas con tu plan de vida, es mucho más fácil hablar.

Por ello, te invitamos a que te unas a grupos que están tratando de implementar un plan para maximizar el uso de su dinero. Una buena idea es buscarlos a través de las redes sociales, especialmente en Facebook. Esta red social es tan variopinta que puedes encontrar grupos de persona de cualquiera índole, intereses, temáticas, etc.

Puedes comenzar con escribir en tu buscador las palabras "Ahorro", "Deuda", "Dinero", "Éxito" y de seguro encontrarás muchos grupos creados para compartir experiencias de estas temáticas. Quienes los conforman siempre están atentos a leer las publicaciones de los demás y aportar sus experiencias dentro de los pequeños debates que se originan. Toma esta idea para conocer a personas que tienen las mismas inquietudes, miedos y aspiraciones que tú y aprende.

Evita las tentaciones que te llevan a endeudarte

Sabemos que cuando se toma la decisión de comenzar con un plan de ahorro que te aleje de las deudas, se pueden acercar miles de tentaciones que harán que tu convicción se resquebraje un poco. Los diablillos de tu conciencia seguramente te dirán cosas como estas:

"Qué preciosa es esa cartera, cómprala".

"No quedarás en quiebra si compras esa torta que tanto te gusta".

"Esa camisa a cuadros se le vería tan bien a tu hijo".

"Tú te mereces ir a la peluquería a que te hagan las uñas".

"Esos rines cromados le darán un toque de elegancia al carro".

Miles de oraciones como estas darán vueltas en tu cabeza para hacerte perder el control de tu dinero y terminar endeudándote con la adquisición de algo que realmente no necesitas. Además de los pensamientos internos que pueden hacerte flaquear en cualquier momento, existen detonantes que te harán más vulnerable a la tentación de comprar. Revisemos y analicemos cada uno:

1. **Tener dinero a la mano:** Disponer de grandes sumas de dinero, bien sea en efectivo o a través de tarjetas, es una gran tentación que te hará dudar en cuanto a si gastarlo en lo que deseas o no. Las personas con problemas de control del dinero usualmente tienen comportamientos de derroche y se les hace muy difícil

no comprar aquello que desean cuando tienen el dinero a la mano.

Ante esta tentación, procura no tener altas sumas de dinero a tu alcance; es decir, deja en la casa o en tu cartera una suma moderada destinada a las copras necesarias. Haz de cuenta que no tienes más dinero guardado en el banco o donde sea que lo guardes y arréglatelas con la cantidad normal para sobrevivir.

Piensa que si gastas ese dinero en cosas superfluas, no tendrás capacidad de costear los gastos de la comida, vivienda y servicios básicos. Piensa en lo ridículo que te verías si compras aquella lámpara de araña de estilo barroco que tanto te gusta, pero, como te gastaste todo el dinero del mes, ya no puedas pagar la factura de la luz.

2. **Visitar tiendas:** Pasar frente a las tiendas en las que antes gastabas horas viendo la mercancía y comprabas todo lo que te robara la atención sin escatimar en el precio, es uno de los momentos de tentación más difíciles de enfrentar.

Puedes tratar de evitar los caminos que te toparán con esas tiendas, pero es inevitable que algún día sin querer pases tan cerca que puedas volver a ver sus vitrinas y recordar esa sensación de placer que te provocaba comprar allí.

Ante esta situación, intenta aplicar dos técnicas que pueden salvarle la vida a tu dinero: La primera, cuando sepas que irás cerca de esas tiendas, no salgas solo y dile a tu compañero que te recuerde por qué no debes comprar en esa tienda si te da un ataque de ansiedad en el camino; la otra opción es salir con el dinero justo para la diligencia que vayas a hacer, ya que, si no tienes dinero para gastar, puedes pasar y mirar todas las tiendas que quieras: igual no podrás comprar nada.

3. **Depresión:** Te apuesto a que has escuchado "No hay tristeza que unos zapatos nuevos (o cualquier objeto que deseas) no puedan arreglar". No sabemos quién hizo tan popular este razonamiento, pero de lo que no tenemos duda es que el marketing se aprovecha de la tristeza o sentimientos de inconformidad de la gente para vender su mercancía.

   Hoy en día, es usual que las personas que se sientan mal anímicamente busquen salir de compras para encontrar un poco de alivio. Creen que llenándose de cosas materiales pueden sosegar el dolor interno que padecen.

   La verdad es que esta afirmación es totalmente falsa, porque ningún objeto tiene realmente la capacidad de hacer que te sientas bien o mal, pero si crees que sí tienen ese poder sobre ti, es hora de que busques ayuda profesional.

   Trata de ser objetivo con la fuente de tu tristeza o depresión e intenta ser paciente para superarla. Una buena idea es ocupar tu mente con cosas que no impliquen un gasto innecesario.

   Imagina que a tu malestar sumes el hecho de tener que pagar una deuda sin que tengas la capacidad monetaria para hacerlo. Si dejas que esto suceda, podrías pasar a un estado anímico mucho peor.

4. **Mucho tiempo libre:** No tener la mente ocupada es un detonante que te hará más propenso a que pienses en comprar. Muchas personas tienen la costumbre de ir de compras cuando tienen algún tiempo libre o se sienten aburridas. Es una costumbre autoimpuesta que nos ha inculcado la sociedad consumista.

Quizás, antes tu pasatiempo era precisamente comprar cualquier cosa para sentir que hiciste algo valioso con tu día. En tiempos de ahorro, esta costumbre debe desaparecer totalmente.

Si tu creatividad está bloqueada y no sabes qué hacer con tu tiempo libre, aquí te dejamos unas 50 ideas que pueden alejarte de las compras:

1. Limpia y organiza tu casa.
2. Si ya está limpia, reorganiza la posición de tus muebles y adornos.
3. Encuentra las cosas que no funcionan en tu casa y trata de repararlas por ti mismo.
4. Trata de agregarle un detalle nuevo a la ropa que estás aburrido de usar.
5. Riega tus plantas.
6. Juega con tu mascota.
7. Haz una pijamada con tus hijos o sobrinos.
8. Juega a la pelota, a los muñecos o a los videojuegos con tus hijos o sobrinos.
9. Planea y ejecuta una venta de garaje con las cosas que ya no usas.
10. Acércate a organizaciones de caridad y conviértete en voluntario.
11. Préstate para asear o arreglar las áreas comunes de tu vecindario.

12. Ayuda a una persona mayor o con alguna discapacidad a cruzar la calle.
13. Ofrece a tus familiares y vecinos tu disponibilidad para acompañarlos a hacer diligencias.
14. Dile a tus amigos que estás dispuesto a cuidar de sus hijos o mascotas cuando lo necesiten.
15. Busca una receta en internet que nunca hayas comido y hazla en tu casa.
16. Busca el álbum de tu artista favorito en internet y escúchalo.
17. Crea una pequeña coreografía con tu canción favorita.
18. Descarga una serie de 10 películas de tu actor o director favorito y comienza a verlas.
19. Revisa tus álbumes fotográficos de nuevo.
20. Busca amigos nuevos a través de las redes sociales.
21. Únete a grupos temáticos que te gusten a través de las redes sociales.
22. Comenta e interactúa en todas las publicaciones de tus amigos en Facebook, Instagram, Twitter, MySpace, Snapchat, etc.
23. Aprende a hacer muñecos en origami.
24. Aprende a tejer.
25. Haz un crucigrama.
26. Lee un libro.
27. Memoriza un poema.
28. Memoriza las capitales del mundo.
29. Intenta arreglar tus uñas y cabello por ti misma.
30. Practica un nuevo estilo para la barba.
31. Practica un maquillaje diferente.
32. Aprende a hacer bisutería artesanal con lo que encuentres en tu casa.
33. Haz algún dibujo y trata de colorearlo.
34. Haz una lista de 20 deseos que quisieras cumplir antes de los 60 años.

35. Escribe una carta a tus familiares y amigos diciéndoles cuánto los quieres o exprésales tus deseos de perdonar errores pasados.
36. Sal a trotar.
37. Ve a la playa.
38. Móntate en el subterráneo o en el autobús y haz todo el recorrido hasta llegar al lugar inicial.
39. Visita museos y lugares culturales de entrada gratuita.
40. Acuéstate en la grama y encuéntrale formas a las nubes.
41. Por la noche, acuéstate en la terraza de tu casa o mira a través de la ventana para que cuentes estrellas.
42. Siéntate en el parque y cuenta cuántas personas con camisa amarilla pasan por el frente.
43. Llama a personas que tengas tiempo que no ves a través de aplicaciones gratuitas por internet.
44. Planea cada día visitar a un amigo diferente.
45. Aprende un idioma nuevo con CDs que ya tengas en tu casa o internet.
46. Trata de hacerle un cumplido a todos tus compañeros de trabajo.
47. Trata de buscar maneras diferentes de lograr tus objetivos laborales.
48. Busca nuevos trayectos para llegar al trabajo.
49. Escribe tus defectos y trata de mejorarlos.
50. Plantéate cómo ahorrar el doble de lo que has ahorrado hasta ahora.

Las áreas en la que puedes implementar tu plan de ahorro

A veces no sabemos por dónde comenzar a reducir nuestros gastos; estamos tan acostumbrados a gastar sin ningún control, que se nos hace difícil saber en qué aspectos podemos gastar menos si tenemos consciencia. Aquí te indicaremos las cinco áreas de tu vida en las que tienes que aplicar todo tu esfuerzo y toda tu creatividad para llevar adelante tu plan de ahorro económico:

1. **Vestimenta:** Esta es el área que tiene más fanáticos y, por consiguiente, es una de las que más víctimas se cobra. La ropa y la moda se han convertido en una poderosa industria que le ha quitado millones a las personas, que muchas veces engañadas e influenciadas por el qué dirán gastan excesivamente en una prenda extravagante que al final solo cubrirá su cuerpo hasta que llegue otra más chic.

   Algunos consejos para no dejarse arrastrar por el torbellino que supone las tendencias a la hora de vestir son los siguientes:

   - ***Adquiere ropa que no pase de moda:*** Una buena idea es optar por comprar piezas que se mantienen en el tiempo, como prendas básicas a la hora de vestir. Los blue-jeans, las camisas blancas y negras, los vestidos negros, abrigos de color neutro, zapatos casuales y deportivos son alguna de las piezas fundamentales que deben componer tu closet. No intentes seguir el paso de la moda comprando prendas demasiado diferentes, porque al cabo de unas cuantas semanas esa moda desaparecerá y no querrás usar más aquella camisa color neón o aquellos zapatos de flores con plataforma.

- **Evita las marcas de ropa muy costosas:** Si de verdad necesitas alguna prenda de vestir, evalúa las opciones que tienes entre precio y calidad. No te endeudes con ropa de marca que es muy difícil para ti pagar enseguida si puedes conseguir algo parecido y mucho más económico. No seas presa fácil de aquellas marcas que han hecho todo lo posible porque la gente las ame y compre su mercancía, a pesar de que evidentemente la estén estafando.

- **Dale una oportunidad a la ropa de segunda mano:** Existen muchos mercados de segunda mano que venden por un precio bastante bajo prendas de vestir realmente buenas y útiles. Escoge un día para visitar estos mercados y encuentra lo que necesitas dentro de aquello que los demás desecharon. Podrías sorprenderte con lo que encuentras casi regalado; nada pierdes por intentarlo.

- **Reinventa y cuida lo que ya tienes:** No botes aquellas prendas que consideras que pasaron de moda o están un poco deterioradas; piensa en maneras en que puedas usarlas nuevamente y busca remendarlas, teñirlas o agregarle un toque diferente para que se vean renovada. Las prendas que estén un poco deterioradas úsalas para dormir, ir al parque, la playa o cualquier otra actividad relajada que no implique estar vestido de cierta manera. Igualmente, intenta ver tutoriales en YouTube para agregarle accesorios a tu ropa que la hagan ver diferentes.

- ***No compres ropa en medio de fechas especiales:*** Muchas tiendas de ropa se aprovechan de épocas específicas para aumentar sus precios porque saben que la demanda aumentará considerablemente. Algunas de las fechas en que debes trata de no comprar ropa son básicamente en Navidad, el día de la madre, padre o niño. Mejor espera que pase la euforia y compra lo necesario cuando se terminen estas temporadas, ya que de seguro encontrarás ofertas muy buenas.

2. **Alimentación:** La comida es un aspecto en el cual se pueden lograr reducir gastos considerablemente si sabemos qué comprar y dónde hacerlo sin que se aprovechen de nuestra buena fe. Mira estos consejos e intenta aplicarlos a tu día a día:

- ***Comida casera en vez de comida en la calle:*** Este principio es básico para quienes quieren salir de las deudas. Usualmente, las personas no tienen idea de la cuenta que van acumulando cada vez que pagan una comida en restaurantes y ferias; piensan que comer dos y hasta tres veces fuera de casa no les quitará mucho de su dinero, pero en realidad sí están perdiendo mucho. Intenta hacer todas tus comidas en casa, con productos que hayas comprado en el mercado y hayas cocinado tú mismo. Al cabo de un mes comiendo estrictamente comida casera en el desayuno, almuerzo y cena, analiza cuánto has ahorrando viendo tu lista de gastos en comida callejera del mes anterior. ¡De seguro te sorprenderás!

- **Aléjate de las marcas comerciales:** A la hora de comprar alimentos, opta por las marcas menos conocidas; estas usualmente son las que tienen menos tiempo en el mercado y ofrecen un precio muy por debajo que las demás. Siempre en los mercados existe una variedad de marcas que ofrecen el mismo producto; cuida que la calidad sea siempre la misma y aprovecha las ofertas en alimentos.

- **No a la comida preelaborada, sí a la natural:** Sabemos que a veces la comida preelaborada nos facilita mucho las cosas en la cocina, pero si tomamos la decisión de comprarla, no estamos protegiendo nuestro bolsillo. Las verduras ya picadas, las salsas casi listas, las pastas casi cocinadas o las masas ya elaboradas usualmente son más costosas que los productos que no han sido tratados. Trata de hacer las recetas comprando productos naturales y frescos, ya que estos, además de ahorrarte muchos centavos, contribuyen a tu salud porque tienen menos aditivos y conservantes.

- **Aprovecha las temporadas de verduras y frutas:** En diferentes épocas del año, algunas verduras y frutas son más abundantes. Esto es porque su cosecha hace que estén mucho más disponibles en el mercado y su precio baje. Averigua en tu país cuándo es la época de la papa, la zanahoria, las manzanas, las uvas, etc., para que puedas aprovechar los bajos costos de estos productos alimenticios. Incluso si tienes un espacio en tu casa donde sembrar, aprovecha las temporadas para que tú mismo coseches tus propias frutas y verduras.

3. **Salud:** Este aspecto de nuestra vida es bastante serio y no debemos escatimar en recursos cuando de verdad necesitamos combatir una enfermedad. Recuerda que la salud es lo más importante que debemos conservar. Sin ella, es imposible que nos podamos desempeñar de buena manera en otras áreas. Sin embargo, existen algunas medidas que podemos aplicar si nuestra salud está un poco quebrantada y no estamos nadando en dinero:

- *Considera usar medicina genérica:* Muchas veces puedes encontrar en las farmacias las versiones genéricas de los medicamentos que necesitas. Recuerda que no es necesario que compres la marca más reconocida para iniciar tu tratamiento; estas siempre serán más costosas. Consulta con tu médico varias opciones de medicamentos genéricos que contengan el principio activo que necesitas.

- *Acércate a la medicina natural:* La mayoría de las curas de las enfermedades se encuentran en la misma naturaleza. Muchas de las medicinas químicamente compuestas que encontramos en la farmacia tienen como base algún elemento natural. Es por ello que darle un voto de confianza a la medicina natural no está del todo mal. Incluso remedios caseros suelen ser altamente efectivos y mucho menos costosos que los comerciales. Visita las casas naturistas y consulta cuáles plantas, raíces o brebajes tienen disponible para la dolencia que quieras tratar.

- *Evita enfermarte:* Trata de mantener una vida saludable que te mantenga alejado de las enfermedades. Evita los vicios, el estrés excesivo, la comida chatarra y trata de ejercitar tu cuerpo. A veces es mucho más caro pagar los costos de una enfermedad agresiva que invertir de forma preventiva en nuestra propia salud. No olvides hacerte una evaluación general una vez al año para descartar cualquier enfermedad y, si la tienes, tratarla a tiempo; recuerda que más vale prevenir que lamentar.

4. **Vivienda:** En la casa podemos hacer muchas cosas para ahorrar. Ese es el primer espacio donde debemos aplicar todas las técnicas que nos lleven a tener una vida económicamente más estable. Algunos ejemplos son los siguientes:

- *Ahorra en los servicios básicos:* Mucho de los grandes gastos que tenemos mensualmente se deben a los recibos de agua, luz y gas que usamos para vivir en nuestro hogar. Una buena manera de ahorrar en estas facturas es hacer uso consciente de estos servicios; por ejemplo: No dejes la luz, el televisor o la computadora prendida cuando nadie los está usando; no dures una hora en la ducha, ya que con un baño de 10 a 15 minutos será suficiente para asearte; no olvides apagar la cocina cuando esté lista la comida, porque si la dejas más tiempo estás haciendo un gasto innecesario de gas o electricidad, además de que seguramente se te quemará.

- *Usa productos de limpieza múltiples:* Sobre la compra de productos para limpiar las cosas de la casa, es bueno que escojas marcas económicas y que ofrezcan más de una función. Por ejemplo, encuentra limpiadores que sirvan para asear tanto la superficie de la mesa del comedor como las ventanas de tu casa.

Compra detergentes que laven todo tipo de ropa, busca desinfectantes que también quiten las manchas y olores desagradables, etc.

- **Hazla tu centro de diversión:** Este consejo está relacionado directamente con el esparcimiento en tu nuevo estilo de vida. Es decir, como ya no puedes frecuentar los restaurantes, cines y clubes a los que asistías con regularidad antes, sé creativo y lleva la diversión a tu casa. Por ejemplo, en vez de ir a restaurantes lujosos, invita a tus amigos a comer a tu casa, cada uno puede traer algo para compartir y así el gasto será muchos menos; dedica la noche de los sábados para ver películas que descargues por internet, ya que siempre será más económico ver películas de esta manera que ir al cine, no importa que tengas que esperar un poco más para ver los estrenos.

5. **Bancos:** Las entidades financieras fueron creadas para facilitar los comportamientos que estimulan el ahorro de parte de sus clientes, o al menos eso nos han hecho creer todo este tiempo. La verdad es que los bancos no son otra cosa que un tipo de negocio muy lucrativo para quienes saben moverse con agilidad con el dinero de otros. Si bien convertirse en clientes de algún banco nos brinda muchos beneficios, tenemos que andar con los ojos bien abiertos ante sus reglas y condiciones.

- **Busca tener una cuenta de ahorros:** Poseer una cuenta de ahorros en la entidad financiera de tu preferencia es muy beneficioso cuando debes guardar en un lugar seguro sumas altas de dinero. Además, este tipo de cuenta te permite beneficiarte con el abono de un interés mensual calculado con base en el monto que tengas en la cuenta. También puedes beneficiarte de promociones que surjan en el banco o herramientas como las tarjetas de débito y crédito.

- ***Aléjate del crédito cuando no puedas pagarlo:*** No creas que obtener un crédito bancario o través de una tarjeta es totalmente positivo, pues si no tienes cómo pagarlo en el menor tiempo posible, se convertirá en un multiplicador de las deudas. Muchas personas usan este recurso cuando ya no tienen dinero propio disponible, lo cual es un terrible error, porque después no tienen manera de saldar sus deudas adquiridas, y mientras más tiempo pasa sin cancelarlas, estas van aumentado.

- ***No dejes todo en el banco, invierte:*** Cuando se cuenta con el dinero suficiente para vivir con tranquilidad y sin deudas que nos quiten el sueño, una buena idea es buscar alguna alternativa que haga que una parte del capital que tienes lo inviertas en algún negocio o idea que te produzca ganancias a mediano y a largo plazo. Evalúa las alternativas que tienes a la mano y no permitas que todo tu dinero se estanque en el banco.

Modifica tus prioridades e identifica los deseos engañosos

Lo más difícil para la gran mayoría que decide que tiene que implementar un sistema de ahorro en su vida, si no quiere terminar quebrado por las deudas, es aprender a priorizar las necesidades básicas que impliquen un gasto reducido.

Quizás te preguntarás, ¿cómo puedo saber cuáles son las cosas más importantes que necesito para vivir?

Ante esta duda te decimos que es cuestión de tiempo y práctica aprenderlo, así que ten paciencia.

Educar tu cerebro para que reconozca las verdaderas necesidades entre cientos de cosas que parecen serlo, pero que en realidad no son vitales para vivir, lleva su tiempo; quizás te equivoques en el camino, pero con la práctica podrás ir descartando más elementos que te permitirán guardar un poco más de dinero.

Para ayudarte a definir tus prioridades de manera acertada, revisa estas tres herramientas que te alejarán de deudas innecesarias:

a. **Haz una lista para tu supervivencia:** Es importante que te sientes a escribir una lista de todo aquello que crees que son los elementos básicos para vivir. Esta lista puede variar de una persona a otra, también puede variar por el nivel de compromiso que tenga, pero sin duda será una guía muy útil que te ayudará a transitar por este camino del ahorro.

Veamos este ejemplo:

Margot es una maestra de primaria que tiene una hija y vive sola en su apartamento. Ella ha decidido que debe comenzar a ahorrar más para no vivir atormentada por las deudas que debe pagar cada mes. Nunca había recurrido a un método para reducir gastos, pero ahora es completamente necesario, así que decidió hacer una lista para definir las cosas que necesita para vivir con el fin de gastar lo justo.

Se sentó una noche en el escritorio que tiene en su cuarto y comenzó a imaginar el tipo de vida que ha estado teniendo todo este tiempo, recordó todas sus rutinas diarias y escogió de ellas los elementos vitales para continuar adelante.
Comenzó a enumerar sus necesidades de gasto de la siguiente manera:

Lista de necesidades de gastos obligatorios mensuales

1. *Pago de servicios básicos como electricidad, teléfono fijo y agua.*
2. *Comidas para dos personas: desayunos, almuerzos, cenas y meriendas.*
3. *Transporte público.*
4. *Renta de internet.*
5. *Aseo personal.*
6. *Renta del teléfono celular.*
7. *Gastos en medicina para ella y su hija*
8. *Pago de la escuela de su hija.*

Como ves, Margot se centrará en costear los gastos de estas ocho necesidades que ha considerado básicas para sobrevivir con su hija. Es importante que cuando hagas esta lista contemples todas las necesidades que implica el estilo de vida, profesión, gustos, religión y demás variables que compongan tu día a día.

Como dijimos anteriormente, esta lista es solo un ejemplo; la ruta puede variar en ciertos sentidos. También puede depender de la cantidad de personas que tengas a tu cargo; si eres soltero, las preocupaciones obviamente serán menos, pero si tienes niños o personas mayores bajo tu cuidado, debes considerarlos.

Por ejemplo, si practicas algún deporte como forma de vida, quizás para ti es una prioridad agregar a la lista de necesidades "Alquiler de espacio deportivo", "Gastos en elementos deportivos", etc. Si eres odontólogo, quizás sea una prioridad para ti comprar materiales para ejercer tu trabajo.

    b. **Mantén vigilados tus deseos:** Hacer una lista de tus deseos es una forma segura de no caer en ellos tan fácilmente. Piensa en todo aquello que te producía cierto tipo de placer que consumías de forma frecuente, pero que no te producía más satisfacción posteriormente. Todo aquello que comprabas por gusto o para mantener tu ego en alto.

Revisa este ejemplo:

Juan es un señor mayor que toda la vida mantuvo una vida modesta siendo albañil, pero cada vez que le caía algo de dinero en las manos, no aguantaba la tentación de gastarlo en vicios y apuestas de caballos.

Era reconocido por sus amigos como un gran conocedor de caballos; sin embargo, esto nunca fue suficiente para hacerse millonario apostándole al ejemplar ganador. Ganaba esporádicamente y ya el dinero no le estaba alcanzando después de que descubrió que era diabético. Ahora, Juan tenía que costear los gastos de su enfermedad y dejar a un lado sus deseos, costumbres e impulsos.

Decidió hacer una lista para tener siempre presente las cosas en las que no debía gastar su dinero. Así la elaboró y decidió pegarla en el espejo de su cuarto para leerla todos los días:

No debo gastar más mi dinero en:

1. *Bebidas alcohólicas.*
2. *Cigarrillos.*
3. *Apuestas de cualquier índole.*
4. *Visita a locales de apuesta, así no juegue.*
5. *Revistas de apuestas.*
6. *Productos que contengan altos niveles de azúcar.*

Como el señor Juan, evalúa todo aquello por lo que sientas debilidad; quizás estés gastando más dinero en eso que en tus verdaderas necesidades. Sé objetivo en qué tan frecuente te dabas el gusto de complacer tus deseos.

Si aún no tienes suficiente fuerza de voluntad para suprimirlos de tu vida mientras tu período de ahorro dure, suma todo lo que gastas en ellos en un mes. Después de que tengas la cifra, piensa en todo lo que has podido ahorrar si fueses más fuerte en el control de tus impulsos.

   c. **No te deje engañar por los deseos camuflados de necesidad:** Sabemos lo difícil que puede resultar desapegarse de los deseos, y más cuando los hemos ubicado en nuestras vidas en el mismo nivel que nuestras necesidades. Existen varias cosas que nos han vendido como verdaderas necesidades, aunque la verdad es que son cosas que quizás nos facilitan la vida, pero que, en definitiva, no nos moriríamos si no estuviesen.

Entre esas cosas difíciles de categorizar y entender que no son necesidades están los gimnasios y las rentas de teléfonos móviles e internet. Veamos lo que nos hacen creer de cada uno:

- **El gym:** No estamos en contra de que vayas al gym; si lo puedes costear sin que tus necesidades para sobrevivir se vean afectadas, adelante. Pero si estás leyendo este libro es porque necesitas urgentemente recortar costos, y los gimnasios son lugares que se venden como necesarios cuando la verdad es otra.

    Es cierto que es completamente necesario hacer ejercicio; gracias a él tenemos menos riesgos a enfermarnos, y eso es una gran ventaja si no queremos incurrir en deudas imprevistas o de emergencia por motivos médicos.

    Pero, ¿es necesario que gastes una costosísima mensualidad en el gym para hacer ejercicio?

    La respuesta más objetiva es que no, ya que la verdad es que puedes hacer ejercicio al aire libre y sin gastar un centavo. Quizás estés pensando que es mucho más cómodo y seguro hacer ejercicios en un lugar cerrado como los gimnasios; esta consideración puede tener algo de cierta, pero si estás ahorrando, las comodidades debes hacerlas a un lado.

Correr o manejar bicicleta es un ejercicio integral que pondrá a trabajar la mayoría de los músculos de tu cuerpo, pero si la inseguridad o la desmotivación de entrenar solo es tu problema, invita a un amigo a hacer ejercicios al aire libre contigo; si no puedes convencer a nadie, tu mascota también será un buen acompañante.

- **Teléfono móvil:** No queremos que estés incomunicado ni que te deshagas completamente de tu celular, pero, ¿es necesario que pagues la renta más alta de tu compañía de telefonía móvil?

   Muchas personas no saben cuánto gastan al mes en su renta de celular porque tiene el servicio afiliado a una de sus cuentas: ¡error garrafal! Cuando estás en la onda de ahorrar, nada puedes dejar que se pague solo; si tienes este servicio, elimínalo y encárgate tú mismo de pagar tus cuentas, priorizándolas primero.

   Estamos seguros de que con un plan estándar en tu celular podrás sobrevivir. Quizás sea un poco incómodo para ti no poder pegarte a navegar por horas en las redes sociales ni mandar muchos mensajes a la vez. Es tiempo de arroparse hasta donde te llega la cobija y comenzar a escoger rentas que no impliquen un gasto muy elevado para ti.

- **Internet:** Esta herramienta despierta los mismos deseos y es capaz de hacernos gastar mucho dinero, tal como lo hacen las rentas de los teléfonos móviles. Seguramente estás acostumbrado a que tu internet vaya más rápido que la velocidad de la luz y te permita descargar, en pocos minutos, dos películas, la última canción de tu artista favorito, mientras comentas los estados tragicómicos de tus amigos en las redes sociales.

Pero es hora de despertar; si ese plan te está costando un ojo de la cara, es hora de que lo elimines y optes por uno más económico. Seguramente a tu compañía de internet no le gustará que realices este cambio y te convencerá de mantener o cambiar a uno más costoso con mejores beneficios, pero lo mejor es que estés alerta y todas las decisiones que vayas a tomar estén pensadas bajo la premisa de que debes ahorrar más dinero. A fin de cuentas, nadie se ha muerto por ver una película por semana o no responderles a todos sus amigos virtuales.

Posdata: Estos son algunos ejemplos de elementos que pudieras creer que son vitales. Averigua en tu caso cuáles son esos deseos que están disfrazados de necesidad. Sé honesto contigo mismo: recuerda que si te engañas, el único que pierde dinero eres tú.

Si estás atascado y no sabes si poner algún elemento en la lista de deseos o necesidades, hazte los siguientes cuestionamientos:

a. *Si no compro esto, ¿qué pasará en mi vida?*
   Respuestas: Puedo comprometer mi salud, incluso morirme/Nada.

b. *Si lo compro, ¿qué tan duradero será el beneficio?*
   Respuestas: El beneficio durará muchos días/Será un beneficio que durará poco tiempo.

c. *¿Estoy comprando esto para mí o para complacer a alguien más?*
   Respuestas: Para mí/Para complacer a mis amigos, pareja, vecino, etc.

d. *¿Estoy comprando esto para que la gente hable bien de mí?*

Respuestas: No necesito caerle bien a todos/Sí, necesito que me perciban de mejor manera.

e. *¿Es más beneficioso comprar esto que lo que me puedo ahorrar no comprándolo?*

Respuestas: Es más importante el ahorro/Son más importantes los beneficios de la compra.

Presta atención; si la mayoría de tus respuestas coincidieron o se parecen a la segunda respuesta sugerida, estás ante un deseo disfrazado de necesidad. Ponlo en la lista correcta.

Vivir con menos para lograr una vida más auténtica

Definitivamente, vivir libre de deudas es como una segunda oportunidad para comenzar la vida que siempre has deseado. Sí, así de maravilloso se siente no tener que deberle a nadie, no tener ninguna presión que te quite el sueño ni ningún remordimiento de conciencia que te grite:

"Lo compraste, ahora ingéniatelas para pagarlo".

Ahora, para finalizar este libro de aprendizaje, queremos invitarte a pensar en la filosofía de vivir con menos o con lo verdaderamente necesario. Esa que indica que eres un ser humano pleno, inteligente y capaz, sin importar qué tienes y qué no. Esta forma de vida te permite romper la gruesa pared que ha creado la cultura consumista entre tú y la felicidad verdadera y duradera.

¿Quién dijo que para ser feliz y exitoso tienes que tener más, mejores y costosísimas cosas?

Vivimos en un mundo que nos ha hecho creer que la cantidad de objetos que poseas en tu poder es un reflejo de ti mismo, es una carta de presentación, es un pase seguro para que todos te quieran y respeten, es un requisito indispensable si quieres mantenerte vivo en este mundo salvaje.

Pero en verdad, lo que las grandes empresas, las industrias y el marketing te quieren ocultar, es que mientras menos cosas tengas a tu alrededor, menos obstáculos tendrás para disfrutar de una vida más auténtica, más comprometida con el aquí y el ahora.

En realidad, el presente es lo único que tenemos, ¿no?

Recuerda que vinimos al mundo sin pertenencias y nos vamos de él de igual manera. La filosofía de vivir con menos te enseña a no aferrarte al materialismo, a no permitir que tu felicidad dependa de la mercancía de moda que repiten una y otra vez a través de los medios de comunicación.

Buscar lo esencial para vivir es la clave del éxito para disfrutar estos brevísimos instantes que nos ofrece la vida. Nuestra permanencia en la tierra es tan corta que no deberíamos gastar ni un minuto más preocupados en cómo cancelar deudas. No dejes que tu vida se reduzca a una constante e infinita transacción donde tú siempre sales perdiendo.

Enfócate en hacer con esta recién descubierta libertad acciones que verdaderamente te llenen, te alegren y te refresquen la mente y el espíritu. Por ejemplo, es mucho más reconfortante invertir el tiempo jugando con tus hijos que gastarlo yendo de tienda en tienda, caminando largas horas, hasta conseguir aquel atuendo con el que dejarás a todos con la boca abierta en el trabajo.

¿Cuánto durará esa sensación de placer?

Te apuesto que pocos segundos, después todos volverán a sus quehaceres y se olvidarán de aquello que pasaste horas buscando y en lo que gastaste una fortuna cuando te tocó pagarlo.

Repítete una y otra vez estas oraciones cuando algo material interfiera con tu felicidad:

"No lo necesito para ser feliz".
"Todo lo que tengo es suficiente para vivir una vida plena".
"Ninguna cosa material tiene el poder de darme felicidad o tristeza".

Vivir con el dinero justo cada mes no es la vida que la mayoría aspira. Toma un momento para pensar en ti mismo y en decidir tu forma de vida ideal. Quizás para ti lo ideal sería formar una familia, tener una vivienda, viajar por el mundo, tener tiempo para realizar el deporte o el hobby que tanto te gusta.

Entonces, no renuncies a tus sueños por estar adquiriendo y acumulando más y más cosas que en realidad no tienen un verdadero significado para tus objetivos de vida. Recuerda, mientras más derroches en cosas innecesarias, más te alejas de tu vida ideal, de tu independencia, de tu genuina felicidad.

Para cerrar:

Realmente espero que las recomendaciones incluidas en este libro te ayuden a alcanzar la transformación financiera que deseas y mereces tener en tu vida.
Es importante que no te quedes aquí y te sigas educando financieramente para que esa transformación siga avanzando y tu situación sea cada vez mejor.

Por lo que te recuerdo que veas el material complementario de este libro. Para verlo solo ingresa tus datos aquí:

www.alcanzatussuenos.com/sin-deudas

También recibirás información adicional y actualizaciones en tu correo electrónico para ayudarte a conseguir tus objetivos financieros.

Lectura Recomendada:

Libros para mejorar tus finanzas personales:

Ni Un Jefe Más
Autor: Gustavo Adolfo Avila

7 Hábitos Inteligentes de Personas Que se Hicieron Millonarias
Autor: Gustavo Adolfo Avila

Cómo Salir de Deudas Si No tengo Dinero
Autor: David Emmied

Cómo Ahorrar Dinero
Autor: Angel Miquel Pino

Cómo Descubrir Ideas de Negocios Rentables
Autor: Angel Miquel Pino

Cómo Ganar Mucho Dinero Rápido Con Twitter
Autor: Gustavo Adolfo Avila

Secretos Poderosos para una Administración del Tiempo Efectiva
Autora: Teresa Lundy

Libros de autoayuda y superación personal:

Cómo Vencer El Miedo.
Autor: Elvis D Beuses

Cómo Controlar la Ansiedad y los Ataques de Pánico
Autora: Tisa Ledford

No Puedo Dormir
Autora: Ronna Browning

Cómo Dejar de Fumar
Autora: Yazmin de la Cruz

Cómo Mejorar La Autoestima
Autora: Manuela Escobar

Cómo Superar Una Ruptura Amorosa
Autora: Ronna Browning

Cómo Desarrollar Confianza en Sí Mismo
Autora: Tisa Ledford

Cómo Cambiar Mi Vida
Autora: Teresa Lundy

www.ingramcontent.com/pod-product-compliance
Lightning Source LLC
Chambersburg PA
CBHW030505220526
45464CB00006B/2668